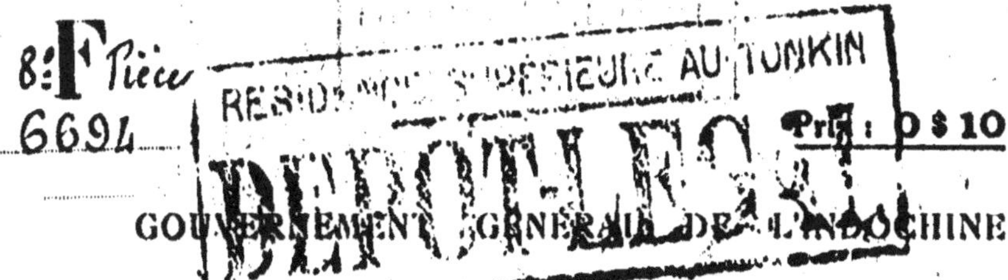

GOUVERNEMENT GÉNÉRAL DE L'INDOCHINE

Prix : 0 $ 10

Instructions Ministérielles

pour l'application du décret

du 1ᵉʳ novembre 1928

portant règlement d'administration publique

pour l'institution de la

Caisse intercoloniale de retraites

HANOI-HAIPHONG

IMPRIMERIE D'EXTRÊME-ORIENT

1929

.Notà. — La brochure reproduisant le décret du 1ᵉʳ novembre 1928 est mise en vente à l'Imprimerie d'Extrême-Orient au prix de 0 $ 10.

Instructions Ministérielles 

pour l'application du décret
du 1er novembre 1928
portant règlement d'administration publique
pour l'institution de la

Caisse intercoloniale de retraites

HANOÏ-HAIPHONG
IMPRIMERIE D'EXTRÊME-ORIENT
1929

MINISTÈRE DES COLONIES

Direction du Personnel et de la Comptabilité.

1ᵉʳ BUREAU

Paris, le 26 novembre 1928.

Notification du décret du 1ᵉʳ novembre 1928 portant règle-
ment d'administration publique pour l'exécution de l'ar-
ticle 71 de la loi du 14 avril 1924 créant une Caisse interco-
loniale de retraites.

Le Ministre des Colonies, à Messieurs les Gouverneurs géné-
raux de l'Indochine, de Madagascar, de l'Afrique occiden-
tale française, de l'Afrique équatoriale française, les Gou-
verneurs des Colonies, les Commissaires de la République
Française au Cameroun et au Togo.

Vous trouverez, publié au Journal officiel du 7 novembre
1928 un décret du 1ᵉʳ du même mois portant règlement d'administration publique pour l'exécution de l'article 71 de la
loi du 14 avril 1924, créant une Caisse Intercoloniale de retraites.

L'importance de la réforme réalisée va exiger de votre part
une étude à la fois rapide et appliquée, en vue notamment de
l'intervention dans le plus bref délai possible, de toutes les
mesures dont la réalisation vous incombe en vertu du nouveau texte.

Le rapport de présentation du règlement trace les grandes lignes de l'organisation établie et vous aurez tout d'abord à vous y reporter. Quant au règlement lui-même, je vais vous donner ci-dessous article par article, toutes explications nécessaires, qui seront groupées sous deux rubriques : régime administratif et régime financier.

A. — *Régime administratif.*

Article premier. —Délimitation des tributaires de la Caisse Intercoloniale.

Les dispositions prévues sont très claires. A signaler toutefois spécialement que seuls sont affiliés, les personnels organisés par arrêtés des chefs de colonie qui ont cessé, *antérieurement au 17 avril 1924*, de bénéficier du régime des pensions de l'Etat. Par conséquence directe, il est désormais interdit de modifier le statut des agents locaux relevant des pensions sur le Trésor public et toutes les mesures qui ont pu être envisagées à cet égard après le 17 avril 1924 devront être modifiées. Ce point vise spécialement certains personnels des Imprimeries coloniales.

Art. 2. — Reproduction des termes de l'art. 2 de la loi du 14 avril 1924, complété par la loi du 27 décembre 1927. Il est précisé dans le texte même que le supplément colonial n'entre pas en ligne de compte.

Art. 3. — Loi du 14 avril 1924 article 2 et loi du 27 décembre 1927.

Art. 4. — Loi du 14 avril 1924, article 2.

Art. 5. — Références articles 3, 4, 7 et 6 de la loi du 14 avril 1924.

Le paragraphe II de l'article comporte des propositions de votre part à adresser au Département en vue de la détermination des suppléments de traitement soumis à retenue de 6 %. — Sont exclus à priori de cette catégorie toutes indemnités représentatives de dépenses (supplément colonial — ; supplément de fonctions ; indemnités de représentation etc —) Vous consulterez utilement pour guider votre choix éventuel, le décret du 30 décembre 1925 (J. O. du 8 janvier 1926) et, à l'article 4 de la loi du 14 avril 1924, l'instruction du 12 octobre 1924 (J. O. du 21 octobre). Vous devrez d'ailleurs à chaque article de la loi du 14 avril 1924 invoqué comme référence, vous reporter à ce dernier texte qui commente également les articles correspondants du règlement d'administration publique du 2 septembre 1924 (J. O. du 10 septembre).

Le paragraphe IV de l'article envisage un arrêté ministériel, rendu après avis du Conseil d'Administration de la Caisse Intercoloniale, en vue de déterminer la quotité du traitement soumis à retenue des agents rétribués par des salaires et remises variables. Il semble qu'en l'espèce, la question soit simplifiée depuis l'intervention du décret du 27 avril 1928 (J. O. du 15 mai) qui aboutit, en ce qui concerne l'Etat, à faire rentrer les fonctionnaires précités dans la règle générale, c'est-à-dire à baser leur pension sur la moyenne des émoluments de toute nature effectivement perçus pendant les trois dernières années d'activité.

Art. 6. — Loi du 14 avril 1924, article 8.

Art. 7. — Loi du 14 avril 1924, article 9.

De même que les services exigibles et la condition d'âge sont différents, les bonifications coloniales sont de moitié ou du 1/3 suivant la catégorie de la colonie d'affectation (voir art. 2 et 6). En outre, pour les fonctionnaires originaires de nos Etablissements outre-mer, la bonification est subordonnée au service en dehors de la zone d'origine, d'après la classification portée au tableau annexé au Règlement. Il est à noter que la règlementation dont il s'agit est plus favorable que celle en vigueur pour les agents de l'Etat, qui ne peuvent prétendre qu'à la bonification du 1/3 dans tous les cas. Ainsi un natif d'une colonie classée à la catégorie A titulaire d'un emploi dans une possession de la catégorie B, verra ses services bonifiés d'une année pour deux ans de séjour.

Art. 8. — Loi du 14 avril 1924, articles 10 et 31.

Art. 9. — Loi du 14 avril 1924, articles 12 et 13.

Art. 10. — Article 14 de la loi du 14 avril 1924.

Art. 11. — Articles 15 et 16 de la loi du 14 avril 1924.

Le paragraphe IV contient une innovation bienveillante, dictée par le souci que l'Administration a de tenir compte des conditions particulières de l'existence aux colonies. C'est ainsi que le temps passé en disponibilité après obtention de la série des congés de convalescence pour maladie ou affection dues au service entraînant des soins longs et dispendieux, pourra être admis dans la liquidation de la pension jusqu'à concurrence de 2 années sous réserve du versement des retenues règlementaires sur la base du dernier traitement d'activité.

Il vous appartiendra de modifier en conséquence, les règlements locaux rendus en exécution du décret du 11 septembre 1920, pour fixer le régime de la solde et des accessoires.

Art. 12. — Loi du 14 avril 1924, article 18.

A noter que suivant les dispositions de la loi du 30 juin 1928 (J. O. du 1ᵉʳ juillet) article 21, si les diverses bonifications d'âge peuvent jouer sans limitation, il n'en est pas de même des bonifications de services. En la matière, la restriction impartie à l'article 7 parag. II du règlement est donc applicable à la bonification de l'article 12.

Art. 13. — Article 1ᵉʳ du Règlement du 2 septembre 1924.

Art. 14. — Article 19 de la loi du 14 avril 1924.

Art. 15. — Articles 20 et 21 de la loi du 14 avril 1924.

Le parag. II soumet l'ensemble des tributaires de la Caisse Intercoloniale aux dispositions en vigueur, en ce qui a trait à la composition et au fonctionnement de la Commission de Réforme, aux pensionnés de l'Etat. En conséquence, pour les agents présents en France, la Commission compétente est celle prévue à l'article 22 du règlement d'Administration publique du 2 septembre 1924, complété par l'arrêté ministériel du 10 novembre suivant (B. O. C. page 1807) sauf participation des intéressés à l'élection des 2 représentants du personnel des cadres coloniaux.

Pour les agents en service outre-mer, le décret du 28 novembre 1924 (J. O. du 5 décembre 1924, page 1654) devient purement et simplement applicable ; il vous appartiendra toutefois de faire procéder à l'élection des 2 agents dont il est question à l'article 1ᵉʳ in fine.

Art. 16. — Article 21 de la loi du 14 avril 1924.

Art. 17. — Article 22 de la loi du 14 avril 1924.

Art.18. — Article 29 de la loi du 14 avril 1924.

Art. 19. — Article 17 de la loi du 14 avril 1924, 5° et 6° paragraphes.

Art. 20. — Reproduction de l'article 11, 2° alinéa de la loi du 9 juin 1853, remanié dans un sens plus favorable. Voir à ce sujet l'article 21 du règlement d'administration publique du 2 septembre 1924.

Art. 21. — Article 17 de la loi du 14 avril 1924, 1er, 2°, 3° et 4° paragraphes.

Art. 22. — Article 17 de la loi du 14 avril 1924, dernier paragraphe.

Art. 23. — Article 23 de la loi du 14 avril 1924, parag. 1 et 2.

Art. 24. — Article 23 de la loi du 14 avril 1924, paragr. 3, 4, 5 et 6.

Art. 25. — Article 24 de la loi du 14 avril 1924.

Art. 26. — Article 25 de la loi du 14 avril 1924.

Art. 27. — Article 26 de la loi du 14 avril 1924.

Art. 28. — Article 27 de la loi du 14 avril 1924.

Art. 29. — Loi du 14 avril 1924, article 72.

Mon département se préoccupe de faire intervenir l'arrêté interministériel indiqué au 3° alinéa du paragr. 1 de l'art.
Il engage d'autre part une correspondance avec les organismes de retraités visés au paragr. II en vue d'obtenir d'eux la réciprocité.

Art. 30. — Article 79 de la loi du 14 avril 1924.

Art. 31. — Reproduction, mutatis mutandis, de la loi du 22 mars 1928 (J. O. du 28 mars).

Art. 32. — Loi du 14 avril 1924, article 31.

Art. 33. — Loi du 14 avril 1924, art. 59 et art. 66 de la loi du 27 décembre 1927 (J. O. du 28).

Art. 34. — Voir à ce sujet article 19 de l'Instruction (Pensions) du 15 octobre 1924, pour l'application de la loi du 14 avril précédent. Cette instruction est d'ailleurs précieuse pour toutes les questions touchant l'appréciation des services militaires. Elle figure à la page 438 du Recueil n° 5 des documents intéressant la législation des Pensions, qui comprend également la loi du 14 avril 1924, le Règlement d'Administration publique du 2 septembre 1924 et l'Instruction (Finances) du 12 octobre 1924. Vous pourrez vous procurer ce recueil, à titre onéreux, à l'Imprimerie Nationale.

Art. 35. — Article 62 de la loi du 14 avril 1924 et 66 de la loi du 27 décembre 1927.

Art. 36. — Article 63 de la loi du 14 avril 1924.

Vous aurez à veiller soigneusement à l'application de la règle, instituée par cet article qui a pour objet d'assurer l'application des articles précédents sur les prohibitions de cumul. Les avis devront être adressés au Département dans le plus bref délai possible.

Art. 37. — Loi du 14 avril 1924, article 56.

Je vous signale que par un arrêt du 28 octobre 1927 (cas Lavigne) le Conseil d'Etat a décidé que seules les peines criminelles sont des peines afflictives et infamantes. Il conviendra donc d'écarter du champ d'application de l'article toutes sanctions judiciaires ne résultant pas de l'application des articles 6, 7 et 8 du Code Pénal, de l'article 29 du même Code ; de la loi du 31 mai 1854, article 3 du Code d'Instruction criminelle, article 635.

Art. 38. — Article 57 de la loi du 14 avril 1924.

Art. 39. — Article 58 de la loi du 14 avril 1924.

Art. 40. — Article 54 de la loi du 14 avril 1924.

Art. 41. — Cet article pose le principe de la revision, à dater du jour de la promulgation du présent règlement (8

novembre 1928) de toutes les pensions attribuées antérieurement par les divers organismes locaux de Prévoyance. Les
termes mêmes de l'article excluent donc, à priori, tous les
anciens agents locaux sortis du service avant la date préci-
tée, sans avoir obtenu de pension, sauf les exceptions prévues
aux articles 31 paragr, 3, 104 paragr. 2 et 117 du Règlement.

Art. 42. —

Paragr. I. — La revision est effectuée sur la base des traitements afférents, au jour de la publication du règlement, aux
emplois occupés pendant les 3 dernières années d'activité.

Cette disposition reproduit celle figurant au 1er Paragraphe
de l'article 94 de la loi du 17 avril 1924, avec cette différence
que le calcul des services admissibles n'est pas établi d'après
la liquidation initiale. En effet, et c'est là une divergence pro-
fonde existant entre la Loi du 14 avril 1924 et le Règlement
de la Caisse Intercoloniale ; le premier de ces actes n'est que
la continuation du régime antérieur applicable aux pensions
de l'Etat, tandis que le second instaure un état de choses
entièrement nouveau, avec scission complète avec l'ancien.

Dans ces conditions, les services admissibles pour les revisions ne peuvent être calculés que suivant les tarifs de Règlement. Toutefois les droits nouveaux ouverts par cet acte ne
seront pas l'objet d'une péréquation, sauf ceux afférents aux
majorations d'enfant et charges de famille (voir article 45) et
aux droits ouverts par les articles 30 paragraphes 3 et 117
déjà cités plus haut.

Paragraphe II. — Voir article 94 de la loi du 14 avril 1924,
3e paragraphe.

Dans le cas où des pensionnés locaux seraient titulaires de
pensions attribuées au titre d'un emploi supprimé dans la
suite, vous aurez à déterminer, par un arrêté spécial, l'assimilation dudit emploi avec un emploi correspondant existant. L'assimilation devra être effectuée par classes et vous
aurez à me transmettre le plus tôt possible sous le présent
timbre, les actes rendus à cet effet.

Paragraphe III. — Loi du 14 avril 1924, art. 94, paragraphe 4.

Art. 43. — Règlement du 2 septembre 1924, art. 54, avant
dernier paragr.

Art. 44. — Art. 94 paragr. 2 de la loi du 14 avril 1924, les majorations et indemnités dont jouissent les anciens pensionnés, étant considérées comme tenant lieu des coefficients pour les retraites de l'Etat.

Art. 45. — Voir ci-dessus observations à l'article 42, et se reporter à l'art. 7 de la loi du 16 juillet 1927 (J. O. du 17 juillet) et à l'article 68, 4ᵉ parag. de la loi du 28 décembre 1927 (J. O. du 28 décembre).

Art. 46. — Confirmation de l'article 44, les intéressés continuant à bénéficier de tous leurs avantages actuels, jusqu'à la revision de leur pens'on.

Cette disposition vous astreint à continuer le mandatement de toutes les rémunérations supplémentaires attribuées actuellement à vos pensionnés locaux à quelque titre que ce soit. La ventilation de chaque situation individuelle sera effectuée au moment de la liquidation des revisions et les mesures nécessaires prises pour désintéresser les budgets des colonies des sommes payées à dater du jour de la promulgation du règlement.

Art. 47. — Article 95 de la loi du 14 avril 1924.

La mise en vigueur des articles 41 à 46 du Règlement comporte, en dehors de la formalité prescrite à l'article 42 paragraphe 2, l'envoi au Département de tous les dossiers des anciens pensionnés locaux actifs avec indication précise de la durée des services passés à la colonie, en congé de toute nature (indiquer chaque fois la nature des congés et s'il s'agit d'un congé de convalescence, si le congé a été attribué pour maladie endémique ou non — en mer et en France ou dans la colonie d'origine ou à l'étranger. — En outre chaque dossier devra être accompagné de la mention exacte de toutes les indemnités, majorations, attribuées à chaque intéressé en dehors de la pension principale, de l'imputation de chacune de ces rémunérations, et d'une déclaration-questionnaire du modèle A ci-joint, dûment datée et signée. La déclaration relative aux enfants sera appuyée par les pièces portées sur les deux formules ci-annexées D et C suivant qu'il s'agit de majoration d'enfant, de charges de famille.

Dans le cas où une veuve aurait des enfants mineurs de son mariage avec le défunt ou s'il existe des enfants mineurs d'un premier lit du mari, ou des enfants mineurs naturels reconnus de ce dernier, les actes de naissance et les certificats de vie de chacun des enfants devront être mis à l'appui de la déclaration-questionnaire. Enfin les services accomplis pendant la dernière guerre devront être justifiés par l'envoi d'un état signalétique délivré par chaque commandant de recrutement, faisant ressortir les périodes passées dans la zone des armées dans une unité combattante ou à l'arrière.

Il est bien entendu d'autre part que les dossiers transmis comprendront toutes les pièces d'état civil et autres afférentes à la pension locale. — Vous devrez veiller à ce qu'aucune des différentes pièces ci-dessus énumérées ne manque aux dossiers transmis, dans le but d'éviter tout atermoiement et toute perte de temps.

Art. 48. — Paragr. I et II de la loi du 14 avril 1924, article 11.

Paragraphe III. — Aucune admission à la retraite ne devra être prononcée en ce qui a trait aux fonctionnaires de votre nomination, qu'après avis favorable pour le droit à pension de la Caisse des Dépôts et Consignations. Cet avis sera rendu sur le vu du dossier complet des agents proposés, constitué avec soin conformément à la nomenclature ci-jointe (pièce D). — Par ailleurs les pièces devront être réunies à l'intérieur du mémoire de proposition du modèle conforme (pièce E et F). Enfin en marge de l'état général des services, devront être indiqués les textes organiques de chaque emploi, le traitement moyen des 3 dernières années et le dernier traitement, avec mention de textes ayant fixé ces traitements.

Dans le but d'éviter dans toute la mesure du possible d'augmenter les délais de la liquidation éventuelle, l'avis favorable ou non vous sera télégraphié. Dès le reçu du câble, et si l'avis est affirmatif, vous aurez à prendre immédiatement l'arrêté de mise à la retraite et à l'adresser au Département par le premier courrier, après l'avoir notifié à l'intéressé.

Art. 49. — J'appelle votre attention sur l'importance de cet article qui permettra, chaque année, à la caisse intercoloniale de prévoir les crédits nécessaires au service des pensions. Les états que vous aurez à me transmettre, avant le 1ᵉʳ juillet de chaque année, devront donc être établis avec le plus grand soin, donnant pour chacun, le montant approximatif de la pension présumée, de manière à ce que le total fasse ressortir l'importance de la dotation résultant des besoins de chaque Etablissement outre-mer. La Caisse ne devant fonctionner qu'au 1ᵉʳ juillet 1929 (voir article 87), il vous appartiendra de me faire parvenir les états relatifs au 2ᵉ semestre 1929, aussitôt que possible, dès la réception de la présente circulaire.

Art. 50. — Application aux pensionnés locaux du régime en vigueur pour les pensionnés de l'Etat. Références : Loi du 31 décembre 1920 (article 28 paragr. I) citée dans les visas du décret du 13 juillet 1921 (B. O. C. page 1297). Décret du 16 mars 1922 (B. O. C. page 322). Loi du 29 avril 1926 art. 115 (J. O. des 30 avril et 1er mai). Vous n'aurez, en la matière, qu'à vous conformer strictement aux prescriptions du décret précité du 13 juillet 1921).

Art. 51. — Même observation qu'au début de l'article 50. Référence : Loi du 29 avril 1926 (articles 115 et suivants).

Art. 52. — Loi du 14 avril 1924, art. 67, avec amodiation tenant compte des contingences coloniales.

Art. 53. — Loi du 14 avril 1924, art. 55.

Art. 54. — Paragr. I. — Les services accomplis dans d'autres administrations que celle de la colonie proposant la retraite sont justifiés par des états fournis par ces administrations. Il vous appartiendra donc, le cas échéant, de réclamer ces états à l'autorité compétente. S'il s'agit de services accomplis dans la métropole, le Département se chargera directement de la production desdits états.

Parag. II. — C'est également le Département qui soumettra au Ministre des Finances le décompte de la liquidation concernant les services rendus à l'Etat.

Paragr. III. — Loi du 9 juin 1853, article 23.

Art. 55. — La formalité prévue sera remplie par le Département.

Art. 56. — Loi du 9 juin 1853, article 25.

Art. 57. — Loi du 14 avril 1924, article 65.

Art. 58. — A signaler la notification aux intéressés et l'insertion au J. O. de la colonie des arrêtés de mise à la retraite.

Art. 59. — Article 66, de la loi du 14 avril 1924. Pour les délais supplémentaires de distance, consulter l'article 73 du Code de Procédure civile, modifié par la loi du 13 mars 1922.

Art. 60. — Loi du 14 avril 1924, articles 66 et 67.

Art. 61. — Cet article s'inspire directement des dispositions de la loi du 5 septembre 1919. Vous trouverez cette loi, avec le décret du 5 décembre 1921, et les circulaires (colonies) du 26 mai 1922 et du 9 novembre 1920 (Finances) au Bulletin officiel du Ministère des colonies, année 1922, page 704. Je vous signale particulièrement ce dernier texte, qui contient des indications précises dont vous aurez, le cas échéant, à tenir compte. — Quant au décret du 5 décembre 1921, il désigne notamment les autorités habilitées pour la remise des livrets de pensions dans nos établissements outre-mer ; les mêmes autorités procèderont à la remise des livrets de la Caisse Intercoloniale.

Ces livrets seront établis, avec leurs deux fiches mobiles, mutatis mutandis, sur le modèle des livrets de l'Etat.

A ce propos, vous constaterez, à la lecture des circulaires précitées, les difficultés rencontrées par le Ministère des Finances, en vue de déterminer les formalités à remplir par les pensionnés ou leurs représentants qui ne savent ou ne peuvent signer. Finalement la question a été tranchée par l'inscription, à la première page des livrets, d'une formule par laquelle l'autorité qui délivre le livret constate que le titulaire ou son représentant ne sait ou ne peut signer. Cette mention doit être reproduite sur les deux fiches modèles. L'Administration considère, en somme, comme primordiale la constatation de l'identité sur le vu de la photographie. La signature du fonctionnaire qui remet la pièce établit d'autre part la réalité de cette remise. Il semble dans ces conditions qu'il n'y ait pas lieu de recourir à l'arrêté interministériel prévu au paragraphe III de l'article. Vous trouverez ci-joint, pour l'exécution du paragraphe IV, une formule de déclaration de perte. Vous aurez à faire établir cet imprimé, mutatis mutandis, de même que tous les imprimés pour la constitution des dossiers de pension dont il est question ci-dessus au cours de cette circulaire.

Je vous signale en terminant l'arrêté (Finances) du 10 décembre 1927 (J. O. du 21) dont vous aurez notamment à observer les prescriptions, en envoyant les justifications visées au Département.

Art. 62. — Voir également la loi du 5 septembre 1919.

Art. 63. — Cet article détermine la personnalité civile de la Caisse Intercoloniale. Il stipule, et ce point est des plus importants, que toutes les questions concernant la Caisse sont examinées par son Conseil d'Administration, mais que les délibérations de cette assemblée ne deviennent exécutoires qu'après approbation du Ministre des Colonies.

Cette approbation sera donc accordée ou refusée par le Chef du Département lui-même, qui notifiera sa décision au Conseil d'Administration et suivant le cas, à l'un ou à l'autre des services d'exécution visées au 2ᵉ paragraphe de l'article. — (C. F. article 68, in fine).

Articles 64, 65, 66, 67 et 68. — Organisation et définition des attributions du Conseil d'Administration.

Articles 69 à 72. — Règles pour l'organisation et définition des attributions du service de la liquidation de la Caisse Intercoloniale.

Les articles 73 à 103 inclus, seront traités dans la 2ᵉ partie de cette circulaire, sous le titre B « Régime financier ».

Art. 104. — Loi du 14 avril 1924, article 71, dernier paragraphe.

Définition du droit d'option pour le régime antérieur, applicable aux seuls agents en service au 17 avril 1924.

Art. 11. — Voir commentaires à l'article 41.

Art. 105. — Les veuves suivent, pour la pension, le statut résultant de l'option antérieure du mari.

Art. 106. — Validation des services auxiliaires. — A noter que cette disposition, en tant que droit nouveau, ne peut bénéficier qu'aux agents en service au moment de la publication du règlement.

II. — Demande de validation seulement pour le droit à pension (voir article 52 de la loi du 30 décembre 1913, B. O. C. page 1985).

Articles 107, 108, 109 et 110. — Demande de validation et pour le droit à pension et pour la liquidation. Loi du 14 avril 1924, article 10. — Indication des conditions auxquelles la validation peut être obtenue par les différentes catégories de personnel.

Art. 111. — Dispositions spéciales applicables aux agents antérieurement affiliés à la Caisse Nationale des retraites pour la vieillesse. Voir à ce sujet le décret (Finances) du 13 novembre 1925 (J. O. du 18).

Art. 112. — Article 72 de la loi du 14 avril 1924.

Cet article institue un nouveau délai (voir article 113) pour la validation des services locaux accomplis par des fonctionnaires passés dans un emploi conduisant à pension de l'Etat. Seules jusqu'à nouvel ordre les validations effectuées en application de cet article donneront lieu à part contributive à la charge de la Caisse Intercoloniale ; la question de savoir si les parts contributives antérieures ayant résulté de l'application directe de l'article 72 précité de la loi du 14 avril 1924 et imputées sur les budgets des différentes colonies dans les conditions prévues à ma circulaire du 21 février 1927, n° 1, seront reprises en compte par la Caisse Intercoloniale sera posée à la première occasion au Conseil d'Administration de la Caisse. Quant aux parts corrélatives aux versements aux diverses caisses locales, elles font évidemment partie intégrante du passif de ces caisses absorbé par la Caisse Intercoloniale.

Art. 113. — Fixation des délais pour les options et pour les demandes de validation de service. — En ce qui a trait aux remboursements des retenues rétroactives, voir articles 8, paragraphe 2 et 86 paragraphes II et III.

Art. 114. — Pour les versements rétroactifs afférents aux suppléments de traitement soumis à retenue déterminés dans les conditions prévues à l'article 6 paragr. II le précompte des dites retenues est exceptionnellement opéré seulement sur les arrérages de la retraite.

Art. 115. — Article 65 de la loi du 14 avril 1924.

Pour la rédaction des arrêtés que vous aurez à prendre, le cas échéant, dans le délai de 18 mois, vous pourrez vous reporter aux décrets des 18 juillet et 12 août 1926 (B. O. C. pages 952 et 1111). Ces textes devront viser uniquement les agents en service au 17 avril 1924. L'effet de l'affiliation à la Caisse Intercoloniale a comme point de départ la date de publication du présent règlement. Pour la fixation des bases sur lesquelles les retenues rétroactives devront être opérées, il conviendra de vous inspirer du décret (Finances) du 13 novembre 1925 (J. O. du 18 novembre) de l'Instruction (Finances) du 26 janvier 1926 (J. O. du 28) et des lettres communes (Finances) des 2 juillet 1926 et 4 août 1927, dont copie est ci-jointe. Vous trouverez également, ci-annexées des Instructions (Colonies) du 28 août 1926.

Ces documents vous faciliteront notamment le choix des règles à adopter dans le cas où vous aurez affaire à des agents affiliés par exemple à la Caisse nationale des retraites pour la vieillesse.

Je vous conseille d'une manière générale, de fixer le point de départ de la retenue normale de 6 % pour le service de la Caisse Intercoloniale et de la contribution de 14 % qui incombera à votre budget (voir article 85) au jour de la publication de votre arrêté dans la Colonie. — Antérieurement s'exerceront les retenues rétroactives suivant les stipulations de l'article 4 paragr. 6 du décret du 15 novembre 1925 ; ces retenues pourraient être fixées à 6 % pour la période postérieure au 18 avril 1924, date d'application de la loi du 14 du même mois et à 5 % pour la période antérieure, défalcation faite du montant des prestations qui auraient pu être éventuellemnet effectuées au titre de la Caisse Nationale des Retraites pour la Vieillesse ou de la loi sur les retraites ouvrières et paysannes.

Votre arrêté devra également comprendre une clause analogue à celle contenue au 5° parag. de l'article 4 précité du décret du 13 novembre 1925.

Vos projets devront m'être transmis, aux fins d'approbation, après avis du Conseil d'Administration de la Caisse, dans le délai fixé.

Art. 116. — Sans commentaire.

Art. 117. — Article 68 de la loi du 14 avril 1924, modifié par l'article 42 de la loi du 10 mars 1925, l'art. 26 de la loi du 6 mars 1926, et l'art. 36 de la loi du 19 mars 1928. Je vous signale tout d'abord le caractère essentiellement rétroactif de cette mesure qui intéresse toutes les veuves *non remariées* des agents locaux décédés avant la promulgation du présent règlement, soit en activité de service, soit dans les 2 ans qui ont suivi la cessation des services, à condition que cette sortie n'ait pas été motivée par des convenances personnelles (démission par exemple) ou par mesure disciplinaire. En outre la veuve ne doit bénéficier d'aucun emploi au titre du mari, ni d'aucune pension à quelque titre que ce soit. Ces conditions doivent être rigoureusement remplies.

Dans tous les cas le dernier traitement de présence effectivement perçu au jour de la mort ou de la cessation des services du mari doit être indiqué. Les dossiers adressés au Département seront constitués conformément à la nomenclature ci-jointe.

En cas de décès ou d'inhabilité de la mère, les droits passent *aux orphelins du mari*.

Je vous signale en terminant que cet article ne vise aucune veuve dont le mari est décédé après la date de publication du Règlement. L'article 23 pose en effet le principe du droit des intéressés, dans tous les cas, à la moitié de la pension ou de la rente viagère obtenue par le mari ou qu'il aurait pu obtenir au jour de son décès.

B. — *Régime financier.*

Le décret du 1er novembre 1928 comporte au point de vue financier des dispositions de deux ordres différents.

En premier lieu, il fixe le régime normal de la Caisse Inter-coloniale ; il indique selon quel système financier la Caisse devra fonctionner (article 73), il énumère la nature des recettes et des dépenses de la Caisse (art. 75), il précise le rôle des comptables (articles 76 et 77), il vise l'ouverture et le taux du compte courant ouvert au nom de la Caisse (article 78), l'établissement de la situation financière (article 79), la nature des placements (article 81), la conservation du porte-feuille (article 82), la quotité des cotisations et contributions (article 83) et les obligations des colonies en ce qui concerne ces dernières (articles 84 et 85).

En second lieu, après avoir fixé au 1er juillet 1929 le point de départ du fonctionnement de la Caisse (article 87), le décret du 1er novembre 1928 prévoit les mesures à prendre pour passer de l'ancien au nouveau régime ainsi que les modalités de liquidation des Caisses existantes. Il envisage des mesures provisoires et des mesures définitives : transfert de l'actif possédé par les Caisses supprimées (articles 89 à 94, 96 et 97), arrêté définitif des charges incombant aux dites caisses, arrêté des sommes dont les caisses seront redevables vis-à-vis de la Caisse Intercoloniale (articles 98 à 103).

Enfin le décret du 1er novembre 1928 prévoit qu'à partir du 1er juillet 1929 la Caisse Intercoloniale assumera le paiement des pensions (article 95).

Des instructions ultérieures vous feront connaître les mesures à prendre pour l'exécution de ces dispositions.

Art. 118, 119 et 120. — Je compte en terminant, sur toute votre exactitude, pour remplir dans le plus court délai possible toutes les formalités et préparer tous les textes vous incombant dont il est question au cours de la présente circulaire. A cet égard, les articles marqués d'un astérique devront dès maintenant être l'objet d'une étude particulière. Il y aura lieu d'autre part de faire établir tous les imprimés nécessaires à la constitution des dossiers de pension et de confier l'étude du règlement et de toutes les questions s'y ratta-chant à un service spécial constitué à cet effet, à la disposition duquel seront mis tous les textes nécessaires.

Vous voudrez bien enfin veiller à la publication au J. O. de votre possession du règlement et de la présente circulaire sur lesquels l'attention de tous les agents locaux et notamment des tributaires actuels des caisses locales devra être spéciale-ment appelée.

J'ajouterai en terminant que toutes vos communications touchant la caisse intercoloniale devront m'être adressées sous le présent timbre, sauf instructions contraires dans la suite.

MAGINOT.

MODÈLE A

**MINISTERE
DES COLONIES**

REPUBLIQUE FRANÇAISE
LIBERTÉ — ÉGALITÉ — FRATERNITÉ

CAISSE INTERCOLONIALE

DECLARATION-QUESTIONNAIRE

Je soussigné titulaire d'une pension sur la Caisse locale, revisible en exécution de l'art. 41 du règlement d'administration publique du 1ᵉʳ novembre 1928, donne et certifie exacts les renseignements ci-après, nécessaires pour revision de ma pension :

Nom et prénoms du titulaire de la pension (nom patronymique pour les veuves et les orphelins) : ....

Nom et prénoms du mari ou père (dans le cas d'une pension de veuve ou d'orphelins ou d'une pension de femme fonctionnaire) : ....

Date et lieu de naissance du titulaire de la pension à reviser : ......

Domicile : ....

Lieu de payement de la pension : ....

Emploi occupé en dernier lieu avant sa mise à la retraite par le pensionné ou par le mari ou père : ....

Nature et numéro de la pension : ....

Date de l'arrêté portant concession de cette pension : ....

Montant détaillé de la pension principale et de tous les suppléments perçus en dehors des charges de famille : ....

Si le pensionnaire ou son conjoint est titulaire d'une autre pension ou d'un emploi quelconque, indication de la nature, du numéro, du montant et de la date de la concession de la pension, de la nature de l'emploi et du traitement y attaché : ....

Noms, prénoms et date de naissance des enfants avec indication de la date de décès ou adjonction de la mention « vivant » selon les cas :

....

Désignation des émoluments touchés par le pensionné ou son conjoint au titre d'indemnités pour charges de famille ....

Avis important. — Il est rappelé que quiconque aurait fait une fausse déclaration pour obtenir la concession ou le payement d'une pension s'expose aux peines et sanctions prévues par l'article 5 de la loi du 5 septembre 1919.

A...................... le 19

Le pensionné ou son représentant légal,

MODÈLE **B**

MINISTERE
DES COLONIES

DIRECTION DU PERSONNEL
ET DE LA COMPTABILITÉ

RÉPUBLIQUE FRANÇAISE

LIBERTÉ — ÉGALITÉ — FRATERNITÉ

Paris, le ....

LE MINISTRE DES COLONIES

A Monsieur ....

Avis de (1) ....

NOM ET PRÉNOMS	GRADE ET POSITION	MOTIFS DE LA COMMUNICATION
		Est avisé qu'en vue de permettre l'attribution, à son profit, de la majoration pour enfants prévue par l'art. 7 de la loi du 16 juillet 1927, en faveur des titulaires de pensions revisées en exécution de l'art. 94 de la loi du 14 avril 1924, ... doit faire parvenir au Département des Colonies, sous le présent timbre : 1°) une demande ; 2°) acte de naissance de chacun des enfants ; 3°) certificat de vie délivré par le maire si les enfants sont vivants, ou acte de décès s'ils sont décédés après 16 ans ; 4°) déclaration du père ou de la mère attestant que les enfants ont été élevés depuis leur naissance jusqu'à l'âge de 16 ans ; 5°) déclaration des suppléments déjà acquis au titre des mêmes enfants s'ajoutant soit à un traitement ou à une solde, soit à une autre pension (y compris les majorations pour enfants de la loi du 31 mars 1919).

(1) Promotion, nomination, mutation, congé, etc.

(2) Exécution, suite, notification.

Transmis pour (2). . . . .

Modèle C.

MINISTERE DES COLONIES

RÉPUBLIQUE FRANÇAISE
Liberté — Egalité — Fraternité

DIRECTION DU PERSONNEL
ET DE LA COMPTABILITÉ

1er bureau.

Paris, le   192

Le Ministre des Colonies,

à Monsieur

Avis de (1)

NOM ET PRÉNOMS	GRADE ET POSITION	MOTIFS DE LA COMMUNICATION
		Est avisé qu'en vue de permettre l'attribution, à son profit, des indemnités pour charges de famille prévues par l'article 7 de la loi du 16 juillet 1927, en faveur des titulaires de pensions revisées en exécution de l'article 91 de la loi du 14 avril 1924, doit faire parvenir au Département des Colonies sous le présent timbre : 1°) une demande ; 2°) acte de naissance de chacun des enfants ; 3°) Certificat de vie (individuel ou collectif) ; 4°) déclaration indiquant le nombre des enfants à sa charge durant l'activité de la retraite ; 5°) déclaration que M. fait abandon de la majoration pour enfants s'il a élevé trois enfants jusqu'à l'âge de 16 ans ; 6°) déclaration du Maire de la résidence si les enfants qui sont à la charge de M. ne sont pas ses propres enfants ; 7°) déclaration des suppléments déjà acquis au titre des mêmes enfants s'ajoutant soit à un traitement ou à une solde soit à une autre pension (y compris les majorations de la loi du 31 mars 1919).

(1) Promotion, nomination, mutation, congé, etc...
(2) Exécution, suite, notification.

Transmis pour (2)

Modèle D

MINISTERE DES COLONIES

Nomenclature des pièces nécessaires à la liquidation d'une pension.

a) *Pension de fonctionnaire.*

1° Mémoire de proposition établi sur l'imprimé ad hoc ;

2° Etat général des services, certifié exact par l'agent qu'il concerne, et mentionnant dans la colonne « Observations » les dates des textes ayant organisé les services auxquels a appartenu l'intéressé. On devra faire figurer également le montant des traitements perçus au cours des trois dernières années d'activité ainsi que les diverses indemnités ayant donné lieu à retenue pour pension ;

3° S'il figure à l'état général des services, des services auxiliaires, ou de stagiaire, la justification des versements effectués en vue de la validation desdits services ;

4° Copie du décret ou de l'arrêté de mise à la retraite ;

5° Demande de l'intéressé si la mise à la retraite n'est pas prononcée d'office (adressée à l'autorité compétente) ;

6° S'il y a lieu, les relevés des services de l'agent dans les autres administrations auxquelles il a pu appartenir, délivrés par ces dernières administrations, notamment l'état fourni par le bureau de recrutement en cas de services militaires à la colonie ;

7° Une expédition authentique dûment légalisé de l'acte de naissance du fonctionnaire ;

8° Une expédition de l'acte de naissance de chacun des enfants ;

9° Certificat de vie ou expédition de l'acte de décès de chacun des enfants ;

10° Une déclaration d'élection de domicile ou de non-cumul conforme au modèle indiqué ci-après (modèle I) ;

11° S'il s'agit d'une pension pour invalidité, un dossier établi dans les conditions prévues par l'article 15 du règlement de la caisse intercoloniale (Dossier complet de la commission de réforme, indiquant notamment si l'invalidité est due au service ou non) ;

12° Acte de mariage.

b) *Pension de veuve.*

Les pièces figurant à la nomenclature ci-dessus sous les numéros :
1°, 2°, 3°, 6°, 7°, 8°, 9°, 10°, 11° ;

13° Demande de pension rédigée à l'adresse de l'autorité compétente ;

14° Une expédition de l'acte de naissance de la veuve ;

15° Une expédition de l'acte de mariage ;

16 Une expédition de l'acte de décès du mari ;

17° Un certificat délivré par le maire, sur l'attestation de la veuve et la déclaration de deux témoins, constatant 1° qu'il n'y a eu entre les époux ni divorce, ni séparation de corps ; 2° que la veuve jouit de ses droits civils ; 3° qu'il n'existe pas d'enfant mineur issu d'un précédent mariage du mari ni d'enfant naturel reconnu (s'il existe des enfants mineurs issus d'un précédent mariage du défunt ou des enfants naturels reconnus, indiquer leur nombre, ainsi que leurs noms, prénoms, date et lieu de naissance). — Lorsque la veuve est séparée de corps ou divorcée, elle devra produire un extrait du jugement de séparation de corps ou de divorce, mentionnant que la séparation de corps ou de divorce a été prononcé en sa faveur. Elle devra justifier, en outre, qu'elle n'est pas remariée.

c) *Pensions d'orphelin, en cas de décès de la mère ou d'inhabilité.*

Les pièces figurant à la première nomenclature sous les numéros : 1°, 2°, 3°, 6°, 7°, 11° ;

18° Demande de pension, rédigée à l'adresse de l'autorité compétente, par le tuteur, et légalisée par le maire de la commune (ou de l'arrondissement si le domicile est à Paris) ;

19° Un extrait ou une expédition de l'acte de tutelle, ou, à défaut, un certificat administratif établi sur le vu de cet acte et indiquant les nom, prénoms, qualité et domicile du tuteur ;

20° Une expédition de l'acte de naissance de l'orphelin ;

21° Le certificat de vie de l'orphelin ;

22° Une expédition de l'acte de mariage des parents ;

23° Une expédition de l'acte de décès du père ;

24° Une expédition de l'acte de naissance de la mère ;

25° Une expédition de l'acte de décès de la mère ;

26° Une déclaration d'élection de domicile et de non-cumul établie par le tuteur au nom de l'orphelin et conforme au modèle indiqué ci-après (mod. II).

Aucune expédition d'acte d'état civil n'est admise sous forme de bulletin. Ces expéditions doivent toujours être la copie authentique des actes délivrés dans les conditions de la loi du 9 août 1919.

I. — *Modèle de déclaration d'élection de domicile et de non-cumul faite par le requérant.*

Je soussigné .... déclare faire élection de domicile à (1) .. .. pour y recevoir les arrérages de la pension qui pourrait m'être éventuellement attribuée.

Je déclare, en outre, n'être titulaire d'aucune pension et n'exercer ou n'avoir exercé aucune fonction susceptible de me conférer des droits à pension soit de l'Etat, soit des départements, des communes, pays de protectorat ou établissements publics.

Fait à ....

(*Signature*).

II. — *Modèle de déclaration d'élection de domicile et de non-cumul, faite par un tuteur au nom d'un orphelin.*

Je soussigné, tuteur de l'orphelin .... déclare faire élection de domicile à (1) .... pour y recevoir les arrérages de la pension qui pourrait être éventuellement attribuée à mon pupille.

Je déclare, en outre, que celui-ci n'est titulaire d'aucune pension et n'exerce ou n'a exercé aucune fonction susceptible de lui conférer des droits à pension soit de l'Etat, soit des départements, des communes, pays de protectorat ou établissements publics.

Fait à ....

(*Signature*).

---

(1) Indiquer, s'il y a lieu, la rue et le numéro.
Si l'ayant-droit bénéficie d'une des concessions mentionnées dans la déclaration ci-dessus, il modifiera, en conséquence, cette déclaration.

RÉPUBLIQUE FRANÇAISE
Liberté — Egalité — Fraternité

MODÈLE E

MINISTÈRE DES COLONIES

CAISSE INTERCOLONIALE

Mémoire de proposition pour l'admission à la pension de retraite pour

(ancienneté . . . .

(Infirmités . . . .

NOM	PRÉNOMS	NAISSANCE		FONCTION ou emploi
		Date	Lieu et département ou colonie	

FONCTIONS ou emplois occupés successivement par le titulaire	DATES des nominations	LIEU OÙ L'INTÉRESSÉ DÉSIRE TOUCHER SA PENSION		NOMENCLATURE DES PIÈCES produites à l'appui du présent mémoire
		Localité	Département ou colonie	
				Pièces indiquées à la nomenclature D. . . . ——— pièces

INDICATION DES CAUSES motivant la proposition	TEXTES APPLICABLES dans la circonstance	OBSERVATIONS

RECAPITULATION

des services portés dans l'état général ci-joint.

Services effectifs

Services militaires ou assimilés :   ...ans...mois...jours.

Services civils { en France.....ans...mois...jours. } ...ans...mois...jours.
               { hors d'Europe. .ans...mois...jours. }

                      Total............ans...mois...jours.

Le .... certifie le présent mémoire de proposition et arrête les services relatés ci-dessus à .... ans, ... mois et .... jours de services effectifs susceptibles d'être admis dans la liquidation d'une pension civile.

                  A ...., le 19

Vu et approuvé :

    Le ....

RÉPUBLIQUE FRANÇAISE
Liberté — Égalité — Fraternité

MODÈLE **F**

MINISTÈRE DES COLONIES

Mémoire de proposition pour l'admission à la pension de veuve ou orphelins, ou à "allocation de veuve en faveur de veuve (ou orphelins) d'un mort.

NOM DU MARI OU DU PÈRE ET DE LA MÈRE	PRÉNOMS	NAISSANCE		FONCTION OU EMPLOI	DATES	
		Date	Localité		De la cessation de l'activité	De décès du mari ou du père et de la mère

NOM de la veuve	PRÉNOMS de la veuve ou des orphelins	NAISSANCE		ÉPOQUE du mariage des époux	Lieu où la partie demande à recevoir sa pension		BORDEREAU des pièces à l'appui du mémoire
		Date	Lieu et département		Commune	Département ou colonie	
							Pièces indiquées dans la nomenclature D.

CIRCONSTANCES sur lesquelles est basé le droit de la veuve ou des orphelins suivant l'analyse ci-après des justifications produites	NUMÉROS des articles et § du règlement du 1er novembre 1928 applicables à ces circonstances	OBSERVATIONS

MODÈLE G.

RÉCAPITULATION

des services portés dans l'état général ci-joint.

Services effectifs.

Services militaires ou assimilés : ...ans...mois...jours.

Services civils { en France......ans...mois...jours. } ...ans...mois...jours.
{ hors d'Europe...ans...mois...jours. }

Total.............ans...mois...jours.

Le .... certifie le présent mémoire de proposition et arrête les services relatés ci-dessus à ...... ans, ... mois et .... jours de services effectifs susceptibles d'être admis dans la liquidation d'une pension civile.

A. ...., le 19

Vu et approuvé :

Le ....

MODÈLE II.

MINISTÈRE DES FINANCES

DIRECTION DE LA DETTE INSCRITE

Service des pensions

BUREAU DE L'INSCRIPTION

MODÈLE DE DÉCLARATION

de perte d'un certificat d'inscription de pension au Trésor.

(Cette déclaration devra être rédigée sur le papier timbré, conformément à la loi du 22 Brumaire an VII)

(1) Indiquer les nom, prénoms, la date de naissance et le domicile du pensionnaire.

(2) Indiquer si le titre est perdu ou s'il a été déposé entre les mains d'un tiers qui se refuse à le rendre.

(3) Ajouter s'il y a lieu pour obtenir des avances sur application de la loi du 26 juillet 1917.

(4) Désigner les noms, prénoms et demeure de deux témoins qui ont attesté l'individualité du pensionnaire.

(5) Pour les déclarations reçues par les Maires du Département de la Seine cette légalisation n'est pas nécessaire.

N. B. Dans le cas où le pensionnaire ne saurait signer, mention devrait en être faite à la fin de la déclaration.

Devant Nous, Maire de la commune d.......... canton d .... arrondissement d......... département d .... s'est présenté M. .... (1) ......, né à .... le .... domicilié à .... Nous a déclaré qu'ayant (2) .... le certificat qui constate sous le n° .... son inscription au Trésor pour une pension .... de .... francs à .... accordée en qualité de .... il lui a été impossible d'en percevoir les arrérages depuis le .... c'est pourquoi .... se propose de demander au Ministre des Finances qu'il lui soit accordé une nouvelle expédition dudit certificat d'inscription (3).

M. .... s'engage à rapporter le titre qui lui a été délivré précédemment, dans le cas où .... viendrait à le recouvrer.

La présente déclaration a été reçue par Nous en présence des sieurs (4) .... qui ont attesté parfaitement connaître .... et savoir .. .. est bien la même personne à laquelle la pension ci-dessus a été accordée.

En foi de quoi Nous avons signé ladite déclaration avec le .... pensionnaire et les témoins ci-dessus dénommés.

A   19....

(5) Vu pour la légalisation de la signature de M. le Maire de la Commune d .... Le Trésorier-payeur général du département d .... certifie que les arrérages de la pension énoncée dans la déclaration qui précède ont été payés jusqu'au ....

A   19....

MINISTÈRE DES COLONIES

Direction du Personnel et de la Comptabilité.

1ᵉʳ BUREAU

Paris, le 18 août 1926.

INSTRUCTIONS

*pour la mise en vigueur des règlements d'administration pu-
blique des 12 juillet et 12 août 1926, pour l'application, en
ce qui concerne le Ministère des Colonies, de l'article 69 de
la loi du 14 avril 1924.*

1° PORTÉE GÉNÉRALE DES RÈGLEMENTS.

a) Les textes dont il s'agit s'incorporent effectivement à la
loi du 14 avril 1924. Ils ont donc effet pour les ayants-droit
à partir du 17 avril 1924, comme la loi elle-même. En conséquence tous les agents visés et leurs ayants-cause (veuves et
orphelins) peuvent prétendre à pension, *leurs droits s'ouvrant
à compter du 17 avril 1924.*

b) Par l'effet combiné des articles 10 et 69 de la loi du 14
avril 1924, les mêmes agents sont placés dans la situation où
ils se seraient trouvés s'ils avaient été dès l'origine de leurs
services d'auxiliaires ou de titulaires affiliés au régime de la
loi du 14 avril 1924.

2° CONSÉQUENCE DU RÈGLEMENT.

I. — *Retenues.*

a) Les intéressés deviennent passibles des retenues réglementaires pour pension, sur l'ensemble de leurs services an-
térieurs, sur les bases suivantes :

Retenues de 5 % ;
Retenue du 1ᵉʳ douzième,

pour toute la période antérieure au 16 avril 1924 inclus. Pratiquement, la retenue du 1ᵉʳ douzième est effectuée sur le
1/12 du traitement perçu au 16 avril 1924.

b) De ces retenues doivent être déduites celles effectivement subies au titre du régime de retraites actuel. Par conséquent, un agent qui aura été l'objet durant toute sa carrière du précompte de 5 % pour la Caisse des Retraites pour la vieillesse n'aura plus à verser que :

pour la période antérieure au 17 avril 1924, la retenue du 1er douzième,

pour la période postérieure, une retenue supplémentaire de 1 %.

c) Les délais accordés aux intéressés pour se libérer sont fixés à l'article 4, paragraphe 6 du décret du 13 novembre 1925 (J. O. du 18 novembre, page 11.100).

II. — *Rente viagère acquise au titre du régime antérieur.*

a) Cette rente vient en déduction de la pension.

b) Elle devra être calculée pour les agents ayant versé à capital réservé comme si les versements avaient été faits à capital aliéné.

c) La jouissance de la rente est différée jusqu'au jour de la jouissance de la pension.

d) Si la jouissance a été antérieure, l'Administration représentée par le Chef de Service de chaque catégorie de bénéficiaires, appréhende les titres de rente et en perçoit les arrérages. Le bénéficiaire est, en outre, tenu de rembourser à l'Administration le montant des échéances passées, soit de faire abandon de la rente qu'elles représentent à *capital aliéné*.

e) Si la jouissance de la rente est postérieure au jour de la concession de la pension, cette dernière n'est réduite qu'au jour d'échéance de la rente.

III. — *Statut des affiliés.*

A partir du jour de leur affiliation au bénéfice de la loi du 14 avril 1924, les personnels visés aux règlements doivent être traités comme fonctionnaires à *tous les points de vue* (statut, congés, accidents du travail, etc... lettre Finances du 12 août 1926).

IV. — *Option.*

Toutes les catégories de personnels visées par les règlements se trouvent affiliées d'office au régime des pensions de l'Etat, sauf renonciation dans le délai d'un an à partir de la date de publication de chaque règlement, formulée par lettre au Ministre des colonies.

3° Scission entre l'ancien régime et le nouveau.

I. — Afin d'éviter les complications de calculs et d'écritures, il conviendra de commencer à opérer les retenues réglementaires de 6 % pour pensions sur le traitement :

a) Des personnels énumérés au règlement du 12 juillet 1926, *à partir du 1er août 1926* ;

b) Des personnels énumérés au règlement du 12 août 1926, *à partir du 1er septembre 1926.*

II. — C'est également à partir de la même date que le compte des intéressés à la Caisse des Dépôts et Consignations devra être arrêté. Cette administration devra également être invitée conformément aux règles rappelées au titre 2°, II des présentes instructions à effectuer les opérations qui lui incombent dans chaque cas, notamment la transformation des versements à capital réservé en versements à capital aliéné.

C'est enfin jusqu'à cette même date que devront être précomptées les retenues rétroactives dans les conditions indiquées au titre 2, I.

4° Références.

Les présentes instructions ne font que résumer en les clarifiant dans toute la mesure du possible les principales dispositions à adopter. Les chefs de services devront se reporter, pour plus amples renseignements :

a) Au décret (Finances) du 13 novembre 1925 (J. O. du 18 novembre, page 11.100).

b) A l'instruction (Finances) du 26 janvier 1926, pour l'application dudit décret (J. O. du 28 janvier, page 1.177).

c) A la lettre commune (Finances) du 2 juillet 1926, dont copie ci-jointe.

5° Chaque chef de service trouvera, à l'appui des présentes instructions, les demandes de validation de services auxiliaires adressées à la Direction du Personnel et de la Comptabilité en exécution de la note de service du 2 juillet dernier. Ces demandes, qui devront être ultérieurement classées au dossier de chacun des intéressés pour être produites à l'appui des futures propositions de pension, accompagnées des déclarations de versement corrélatives aux retenues rétroactives remboursées ont été, le cas échéant, annotées lorsqu'elles ont paru présenter des particularités nécessitant une observation spéciale.

Pour le Ministre et par ordre :
Le Directeur du Personnel et de la Comptabilité,
GLEITZ EMILE.

MINISTERE DES FINANCES

Direction de la Comptabilité publique.

Paris, le 2 juillet 1926.

Le Ministre des Finances à Monsieur le Ministre des Colonies,

Un décret en date du 13 novembre 1925 et une instruction en date du 26 janvier 1926, publiés au Journal officiel respectivement les 18 novembre 1925 et 28 janvier 1926, ont réglé :

1° Les conditions dans lesquelles doit être effectué le versement des retenues rétroactives dues par les bénéficiaires de l'article 69 de la loi du 14 avril 1924 ;

2° Les conditions dans lesquelles doit être imputée sur la pension civile des bénéficiaires des articles 10 et 69 de la loi du 14 avril 1924, la rente viagère correspondant aux retenues versées par les dits bénéficiaires à la Caisse nationale des retraites pour la vieillesse.

Il me paraît indispensable de compléter les deux textes ci-dessus par les explications suivantes :

1° Versement des retenues rétroactives dues par les bénéficiaires de l'article 69.

Ainsi que le spécifie l'article 69 de l'Instruction du 12 octobre 1924 (Journal officiel du 21 octobre 1924) les intéressés doivent verser rétroactivement les retenues de la loi de 1853 pour la période antérieure au 17 avril 1924 et celles déterminées par l'article 3 de la loi du 14 avril 1924 à partir du 17 avril 1924. Il est rappelé que les retenues de la loi de 1853 doivent comprendre celle du premier douzième. Le montant total de cette dernière sera pratiquement obtenu en prenant le douzième du traitement dont bénéficiait l'agent à la date du 17 avril 1924.

Bien entendu, si le point de départ des services admissibles pour la retraite se place à une date comprise entre le 17 mars et le 17 avril 1924, la retenue du premier douzième sera calculée sur la période écoulée depuis le point de départ susvisé jusqu'au 16 avril inclus.

2° Perception par l'Administration des arrérages de rentes acquises avant l'entrée en jouissance des pensions civiles.

L'article 2 du décret du 13 novembre 1925 dispose que, au cas où une rente serait acquise, soit à l'agent, soit à son conjoint, antérieurement à l'entrée en jouissance de la pension civile, l'Administration dont relève l'agent conservera les titres de rente et en percevra les arrérages lors de chaque échéance.

Il est fait observer tout d'abord que cette disposition a un caractère transitoire, car à l'avenir les Administrations doivent, dans le cas où la jouissance d'une rente interviendrait antérieurement à l'admission à la retraite de l'agent intéressé, procéder à l'ajournement de ladite rente.

Dès qu'elles auront reçu les présentes instructions et durant toute la période nécessaire, les Administrations auront à rechercher avec le plus grand soin si des titres de rente ont été ou sont sur le point d'être remis à des agents *en fonctions* bénéficiaires des articles 10 et 69 de la loi du 14 avril 1924 ou aux conjoints desdits agents. Cette recherche, comme d'ailleurs toutes les opérations qui vont être détaillées ci-après, sera effectuée par les soins des chefs de service que les Administrations auront à désigner spécialement à cet effet.

Les titres de rente susvisés seront obligatoirement remis auxdits chefs de service.

En cas de refus des intéressés, toutes mesures utiles seraient prises pour précompter sur les mandats de traitement le montant des arrérages.

Les chefs de services conserveront ces titres de rente et en percevront les arrérages en qualité de mandataires des titulaires jusqu'à la date à laquelle prendra effet la mise à la retraite des agents. Il est fait observer à cet égard que, dans l'immense majorité des cas, la date susvisée ne coïncidera pas avec une date d'échéance de la rente ; cette dernière sera alors perçue par l'Administration *jusques et y compris la première échéance suivant la date à laquelle prend effet la mise à la retraite.* Bien entendu la pension ne sera réduite du montant de la rente qu'à dater du lendemain de la dernière échéance perçue par l'Administration.

Lorsqu'il s'agira d'agents maintenus en fonctions après la date d'admission à la retraite, la rente sera perçue par l'Administration jusques et y compris la première échéance postérieure à la date de cessation du paiement du traitement civil.

Le paiement des arrérages sera effectué exclusivement par les comptables supérieurs du Trésor (Trésoriers-payeurs généraux et receveurs des Finances) aux caisses desquelles les rentes auront été assignées payables par les soins des chefs de service. Comme l'indique l'article 2, troisième alinéa de l'Instruction du 24 janvier 1926, il aura lieu sur production du titre de rente et d'un certificat de vie établi par le chef de service sous sa responsabilité personnelle et constatant l'existence de l'intéressé au moment de la dernière échéance à percevoir. Ce certificat pourra être établi sur la formule du modèle annexé à la circulaire de la caisse des dépôts et consignations du 12 mars 1923, formule à laquelle il conviendra d'apporter les rectifications suivantes : au lieu de « délivré pour l'application de l'article 31 de la loi du 29 avril 1921 », mettre « délivré pour l'application de l'article 10 (ou 69) de la loi du 14 avril 1924 » ; au lieu de « bénéficiaire de l'article 31 de la loi du 29 avril 1921 maintenu en fonctions, bien qu'ayant dépassé l'âge de 65 ans », mettre « bénéficiaire de l'article 10 (ou 69) de la loi du 14 avril 1924, en fonctions ».

Les arrérages payés seront reversés immédiatement au compte « Recettes accidentelles à différents titres » de sorte que l'opération ne comportera aucun mouvement effectif de numéraire.

Il n'en sera pas ainsi toutefois dans le cas où la rente sera constituée pour partie par des versements facultatifs effectués par l'agent. Il ne saurait être question en effet de retirer à l'intéressé le bénéfice du montant de la rente correspondant aux dits versements. Avant toute perception des premiers arrérages, les chefs de service auront donc à rechercher si la rente ne comprend pas une partie acquise en vertu de versements facultatifs et, dans l'affirmative, à déterminer, après avoir pris l'avis de l'Administration supérieure et de la caisse des dépôts et consignations, le montant de la rente correspondant aux versements réglementaires et celui de la rente correspondant aux versements facultatifs. Les arrérages de la première fraction de la rente seront encaissés au compte « Recettes accidentelles » comme il est indiqué ci-dessus ; ceux de la seconde fraction qui donneront lieu à un paiement effectif par le comptable du Trésor seront reversés aux ayants-droit par les chefs de services mandataires.

Le récépissé constatant la recette en compte « Recettes accidentelles » des arrérages correspondant aux versements réglementaires distincts pour chaque rente sera remis au chef de service détenteur du titre qui le conservera soigneusement dans le dossier de l'intéressé. Il est fait observer que les récépissés successifs devront être produits à l'appui du bordereau de liquidation de pension, pour justifier que les arrérages de la rente acquise avant la date d'entrée en jouissance de la pension civile ont bien été perçus par l'Administration et versés au Trésor.

L'attention des chefs de service intéressés devra être spécialement attirée sur l'obligation qui leur est faite de percevoir régulièrement les arrérages de rente dans les conditions ci-dessus exposées et d'assurer la conservation des récépissés. Les trésoriers-payeurs généraux et receveurs des Finances recevront d'ailleurs des instructions particulières destinées notamment à assurer le contrôle de la perception régulière des arrérages dont il s'agit.

Je vous serais obligé de bien vouloir élaborer d'urgence les instructions nécessaires à l'application par votre Administration des mesures ci-dessus envisagées.

Pour le Ministre et par autorisation :

Le Directeur de la Comptabilité publique

GUERIN

MINISTERE DES FINANCES

Direction de la Comptabilité publique.

Paris, le 4 août 1927.

Le Président du Conseil, Ministre des Finances à Monsieur le Ministre des Colonies (Direction de la Comptabilité).

Conformément aux dispositions du décret du 13 novembre 1925, « lorsqu'une rente viagère est déjà acquise par un agent bénéficiaire des dispositions des articles 10 ou 69 de la loi du 14 avril 1924, soit à lui-même, soit à son conjoint, antérieurement à l'entrée en jouissance de la pension civile, l'Administration dont relève l'agent conserve le titre et en perçoit les arrérages lors de chaque échéance ».

Par lettre n° 15.690, T. P. G. du 2 juillet 1926, des instructions ont été adressées aux différentes Administrations pour régler la mise en vigueur des dispositions qui précèdent

Cette lettre précise notamment que les arrérages des rentes payées aux chefs de service, désignés par les Administrations, sont reversées immédiatement au compte « Recettes accidentelles à différents titres », de sorte que l'opération ne comporte aucun mouvement effectif de numéraire, mais il n'en est pas ainsi dans le cas où la rente est constituée pour partie par des versements facultatifs effectués par l'agent. Il ne peut être question, en effet, de retirer à l'intéressé le bénéfice du montant de la rente correspondant aux dits versements. Avant toute perception des premiers arrérages, les chefs de service ont donc à rechercher si la rente ne comprend pas une partie acquise en vertu de versements facultatifs et, dans l'affirmative à déterminer, après avoir pris l'avis de l'Administration supérieure et de la caisse des dépôts et consignations, le montant de la rente correspondant aux versements réglementaires et celui de la rente correspondant aux versements facultatifs. Les arrérages de la première fraction de la rente sont encaissés au compte « Recettes accidentelles » comme il est indiqué ci-dessus ; ceux de la seconde fraction qui donnent lieu à un paiement effectif par le comptable du Trésor, sont reversés aux ayants-droit par les chefs de service mandataire.

Plusieurs Administrations ayant signalé que l'application de ces prescriptions présente des inconvénients ayant trait sur tout au maniement des fonds à remettre aux titulaires de rentes, il a paru possible d'admettre à titre exceptionnel, la procédure suivante :

Lorsque les rentes seront constituées pour partie par des versements facultatifs effectués par les agents, les titres de rente pourront être laissés entre les mains de ceux-ci.

En pareil cas, le chef de service intéressé établira un ordre de reversement du modèle ci-joint, prescrivant le reversement au Trésor du montant des arrérages qui correspondent à la rente constituée par les versements obligatoires. Ce titre sera transmis au Trésorier payeur général chargé de le faire parvenir pour exécution au comptable assignataire de la rente.

Le récépissé constatant la recette effectuée à chaque échéance au compte « Recettes accidentelles à différents titres » sera remis au chef de service qui le conservera soigneusement dans le dossier de l'intéressé.

Lors de la mise à la retraite de l'agent, le chef de service notifiera au trésorier-payeur général la date exacte à laquelle

elle doit prendre effet. C'est sur la première échéance suivant la date dont il s'agit que sera effectué le dernier précompte en vertu de l'ordre de reversement.

Toutefois, si, à ce moment le chef de service constatait que les précomptes secondaires n'ont pas été effectués, en raison notamment de la non perception *de partie ou totalité* des arrérages de la rente afférente à la période visée par l'ordre de reversement, il s'abstiendrait de procéder à la notification prévue à l'alinéa précédent, annulerait l'effet de l'ordre de reversement *à compter de l'origine ou de la dernière échéance ayant subi le précompte réglementaire* et émettrait un nouvel ordre de reversement comprenant la totalité des sommes non récupérées. Cet ordre serait exécuté par voie de retenue intégrale sur les premiers arrérages de la pension.

Je ne puis que vous laisser le soin de modifier si vous le jugez utile, dans le sens sus-indiqué, les instructions que vous aurez élaborées pour l'application des articles 10 et 69 de la loi du 14 avril 1924.

J'ajoute enfin, que pour répondre à une question posée par une Administration, que le début du dernier alinéa de la page   de la lettre n° 15.690 doit être modifié :

« Le paiement des arrérages sera effectué exclusivement par les receveurs-percepteurs dans le département de la Seine, et par les trésoriers-payeurs généraux et receveurs des Finances dans les autres départements, comptables aux caisses locales desquels, etc...

Pour le Ministre et par autorisation :

Le Directeur de la Comptabilité publique,

GUÉRIN

MINISTÈRE DE

(Désignation du service).

ORDRE DE REVERSEMENT
————

*Application des articles 10 et 69 de la loi
du 14 avril 1924.*

————

Le comptable assignataire du titre de rente (désignation précise du titre) dont M. .... demeurant à .... est titulaire est requis d'encaisser à chaque échéance au compte « Recettes accidentelles à différents titres » la somme de francs : .... montant des arrérages de la rente correspondant aux versements obligatoires et à la bonification de l'Etat.

Le présent ordre sera exécuté à compter de la perception de l'échéance du (1) .... jusqu'à la perception de la première échéance suivant la date à laquelle prendra effet la mise à la retraite de M. ....

Cette date sera notifiée en temps utile par le Chef du service soussigné:

A ...., le 19

(Désignation du Chef de Service).

Signature

(1) Le Chef de service indiquera la date de la plus ancienne échéance non encore touchée sur le titre.

————

MINISTERE DES COLONIES

Direction du personnel et de la comptabilité — Premier bureau.

ALLOCATIONS SPECIALES DE VEUVES
(ARTICLE 68 DE LA LOI DU 14 AVRIL 1924)

Liste des pièces à produire pour obtenir la liquidation d'une allocation de cette nature :

1° Demande d'allocation rédigée à l'adresse du Ministre des Colonies;
2° Une expédition de l'acte de naissance de la veuve ;
3° Une expédition de l'acte de mariage ;
4° Une expédition de l'acte de décès du mari ;

NOTA. — Aucune expédition d'acte d'état civil n'est admise sous forme de *Bulletin* ou de *simple extrait*. Ces expéditions doivent toujours être la copie authentique des actes.

5° Un certificat délivré par le maire, sur l'attestation de la veuve et la déclaration de deux témoins, constatant : 1° qu'il n'y a eu entre les époux ni divorce, ni séparation de corps, 2° que la veuve jouit de ses droits civils, 3° qu'il n'existe pas d'enfant mineur issu d'un précédent mariage du mari ;

6° Une déclaration d'élection de domicile et de non-cumul conforme au modèle indiqué ci-après.

6° DÉCLARATION D'ÉLECTION DE DOMICILE ET DE NON-CUMUL FAITE PAR LA REQUÉRANTE DANS LA FORME INDIQUÉE CI-DESSOUS

Je soussignée .... déclare faire élection de domicile (1) .... pour y recevoir les arrérages de l'allocation qui pourrait m'être éventuellement attribuée.

Je déclare, en outre, n'être titulaire d'aucune pension sur les fonds du Trésor public, ni d'un bureau de tabac de 1ʳᵉ classe accordé pour services rendus par mon mari et n'exercer ou n'avoir exercé aucune fonction susceptible de me conférer des droits à pension soit de l'Etat, soit des départements, des communes, pays de protectorat ou établissements publics.

Fait à .... le 19

(Signature)

---

(1) Indiquer s'il y a lieu la rue et le numéro.

Si l'ayant-droit bénéficie d'une des concessions mentionnées dans la déclaration ci-dessus, elle modifiera, en conséquence, cette déclaration.

Toutefois, si l'intéressée est titulaire d'un emploi ou d'un bureau de tabac de 1ʳᵉ classe et entend y renoncer, elle devra joindre à l'appui de sa demande d'allocation une déclaration séparée mentionnant expressément cette renonciation (article 11 du décret du 2 septembre 1924).

Imp. d'Extrême-Orient, Hanoi. — 13050